Isabelle Darras

Un été à Paris

Ernst Klett Sprachen
Stuttgart

Table des matières

1 Lisa a peur des voleurs 3
2 Lisa a peur de faire du vélo 10
3 Lisa a peur du RER 19
4 Lisa a peur des attentats 24
5 Lisa a peur de la foule 27
6 Lisa a peur d'être malade 34
7 Lisa a peur de l'eau 39
8 Lisa n'a plus peur 44

Liste des lieux 51
Adresses utiles 52
Plan du métro 53
Plan de Paris 54

1. Auflage   1 8 7 6 5 4 | 2011 10 09 08

Alle Drucke dieser Auflage sind unverändert und können im Unterricht nebeneinander verwendet werden. Die letzten Zahlen bezeichnen jeweils die Auflage und das Jahr des Druckes.

Das Werk und seine Teile sind urheberrechtlich geschützt. Jede Nutzung in anderen als den gesetzlich zugelassenen Fällen bedarf der vorherigen schriftlichen Einwilligung des Verlages. Hinweis zu § 52 a UrhG: Weder das Werk noch seine Teile dürfen ohne eine solche Einwilligung eingescannt und in ein Netzwerk eingestellt werden. Dies gilt auch für Intranets von Schulen und sonstigen Bildungseinrichtungen.
Fotomechanische Wiedergabe nur mit Genehmigung des Verlages.

© Ernst Klett Sprachen GmbH, Stuttgart 2005.
Alle Rechte vorbehalten.
www.klett.de

Druck: Mediendruck Unterland, Flein.
Printed in Germany.

ISBN 978-3-12-591432-2

1 Lisa a peur des voleurs

Lisa avait tourné la tête. Quelle horreur ! Elle devait regarder l'eau, mais elle avait peur. Elle se demandait pourquoi elle avait eu cette drôle d'idée de travailler sur un *Batobus*. Elle détestait l'eau depuis toujours.

Batobus

Mais maintenant, il fallait faire vite : un petit garçon manquait dans le groupe d'enfants qui était monté sur le bateau tout à l'heure à la tour Eiffel. Lisa craignait le pire. Il était peut-être tombé dans la Seine… ? Mais personne n'avait rien vu, rien entendu. Lisa n'avait rien remarqué non plus. A quoi avait-elle bien pu penser ? Son travail

---

2 **se demander** sich fragen – 4 **un Batobus** Shuttle-Service per Boot auf der Seine – 7 **craindre qc** avoir peur de qc – 7 **le pire** das Schlimmste

n'était pas de rêver, c'était de faire attention aux passagers, surtout quand il y avait des enfants. Depuis le premier jour, Patrick, le capitaine du *Batobus*, l'avait répété à Lisa :
– La sécurité, n'oublie pas, c'est le plus important !
5 Mais où était donc ce petit ? Derrière Lisa, une des monitrices du groupe avait l'air très inquiet. Elle devait avoir le même âge qu'elle. Seize ou dix-sept ans. C'était peut-être pour elle aussi son premier job d'été. Lisa, elle, devait avoir le sourire. Il fallait éviter la panique sur le 10 bateau. Elle avait enfin réussi à regarder dans la Seine. L'eau était noire et sale, mais presque calme. Non, l'enfant ne pouvait pas être tombé. Ce n'était pas possible.
Lisa appelait :
– Antoine ! Antoine !

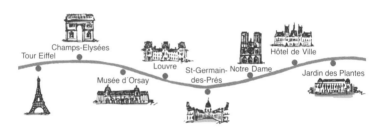

Route du Batobus

15 Mince, le bateau avait quitté l'escale des Champs-Elysées et il allait bientôt s'arrêter devant le musée d'Orsay. Lisa devait vite trouver le petit garçon. C'était une question de vie ou de mort.

Tout à coup, l'adolescente avait entendu quelque chose. 20 Elle s'était arrêtée pour écouter. Mais, maintenant, elle n'entendait plus rien. Ce n'était pas normal : quelqu'un avait ouvert la porte qui conduisait à la cabine du capitaine du bateau. Pourtant, une affiche interdisait l'entrée. Mais un petit garçon ne pouvait pas ouvrir cette porte tout seul.

---

6 **un moniteur, une monitrice** Betreuer – 6 **avoir l'air** *m*. aussehen – 6 **inquiet, -ète** besorgt – 15 **une escale** Zwischenstopp – 18 **la mort** Tod

Elle était trop lourde. Lisa était prête à crier au secours.
– Salut !
C'était le petit Antoine. Il était là devant elle, content.
– Ah, tu es là, je t'ai cherché partout !
Ouf ! Tout allait bien. Antoine rigolait. Derrière lui, quelqu'un arrivait. Lisa ne l'avait pas vu tout de suite. Elle avait hurlé :
– Aaaaaaaaahhh !
– Excuse-moi, je ne voulais pas te faire peur ! avait dit le jeune homme aux cheveux noirs et aux yeux marron qui accompagnait le petit garçon.
Lisa l'avait tout de suite reconnu. Elle l'avait remarqué dès son premier jour de travail. Ce passager montait chaque jour sur le *Batobus* de 10h45 à la tour Eiffel et en descendait à Notre Dame. Ce n'était donc pas un touriste. Mais il posait toujours des questions à Chloé ou Lisa sur le bateau, les prix. Il ne regardait pas les monuments et passait en fait son temps à écrire dans un petit cahier rouge. Il avait aussi toujours avec lui un vieux sac noir. Lisa et Chloé se demandaient qui était ce jeune homme et pourquoi il prenait le bateau et pas le métro ou le bus comme tout le monde. C'était même devenu un jeu entre Lisa et Chloé.
– Il voulait jouer au ballon. Je l'ai vu quitter le groupe, alors je l'ai suivi. Un bateau, c'est super dangereux pour un petit, pas vrai ?
Lisa voyait rouge. Non mais pour qui se prenait ce type ? Un mot de plus, et elle allait exploser. En plus, elle n'aimait pas du tout quand un passager lui disait « tu ». D'accord, elle avait l'air jeune. D'accord, il était plus vieux qu'elle. Il avait peut-être dix-huit ou dix-neuf ans. Mais ils n'avaient pas gardé les cochons ensemble ! ! Il n'avait aucune raison de ne pas la respecter. Elle portait l'uniforme bleu des matelots du *Batobus*. Il ne l'avait pas vu ?

---

12 **remarquer** bemerken – 13 **dès** seit – 19 **un sac** Tasche – 27 **se prendre pour** sich halten für – 32 **on n'a pas gardé les cochons** *m.* **ensemble** wir haben keine Schweine zusammen gehütet – 34 **un matelot** Matrose

Lisa n'avait donc rien répondu. Elle avait accompagné Antoine jusqu'à sa place, et la monitrice était si contente qu'elle avait embrassé Lisa ! Dans le groupe des enfants, c'était la fête. Ces petits Toulousains voyaient la vraie
5 cathédrale Notre Dame de Paris pour la première fois et ils étaient heureux. Ils criaient : « Y'a la même que dans le film de Walt Disney » et ils n'arrêtaient pas de parler.

Notre Dame

---

2 **si... que...** so... dass – 4 **un,e Toulousain,e** un habitant de Toulouse – 5 **une cathédrale** Dom

Après Notre Dame, le bateau était presque vide. Il était déjà midi et le soleil du mois d'août était en fait bien trop chaud pour prendre le *Batobus*. Lisa pensait encore au garçon au sac noir. Elle était sûre qu'il n'avait pas suivi le petit Antoine pour lui éviter un danger. Il avait eu une idée derrière la tête. Il pouvait bien lui raconter tout ce qu'il voulait, elle ne l'imaginait pas en gentil saint-bernard. Depuis quinze jours, elle l'avait bien observé. Au début, elle avait eu le sentiment de l'avoir déjà rencontré dans son quartier, à la Butte aux Cailles, dans le 13e. Mais non, elle devait confondre : il y avait plein de garçons comme lui, cheveux noirs, jeans, baskets.
Chloé avait son explication. Pour elle, c'était sûr : le jeune homme au sac noir était amoureux d'elle ! La jeune femme savait qu'elle était jolie et qu'elle plaisait aux garçons. Elle pensait que le jeune homme montait dans le bateau tous les jours pour la voir. Elle disait à Lisa :
– Il a flashé sur moi et moi je vais bientôt flasher sur lui aussi. Il est pas mal, hein ? Il a quelque chose !
Lisa répondait :
– Bof ! Je vois pas. Tu penses vraiment qu'un mec peut faire ça ? Venir tous les jours sans rien dire, tout ça pour tes beaux yeux ?
– Arrête de voir toujours tout en noir, ma pauvre Lisa ! C'est fou d'être comme ça à ton âge ! Tu rêves donc jamais ?
C'était tout le contraire. Lisa n'arrêtait pas de rêver, elle rêvait tout le temps. A la fin, c'était trop. Son esprit voyageait jour et nuit. Rêver, c'était bien joli, mais la vie était différente.
Puis un jour, Chloé était arrivée avec l'air d'avoir inventé la machine à rendre amoureux. Elle avait LA SOLUTION :
– J'ai pensé à un truc !

---

5 **avoir une idée derrière la tête** etwas im Schilde führen – 7 **un saint-bernard** Bernhardiner; *ici:* Samariter – 8 **observer** regarder avec attention – 11 **confondre** verwechseln – 12 **des baskets** *f.* des chaussures de sport – 32 **rendre amoureux,-euse** verliebt machen

Ça commençait mal...
- En fait, il vient pour toi. J'ai fait attention : il est jamais là quand tu travailles pas. Ensuite, c'est une chose que je peux pas t'expliquer, mais on le voit comme le nez au milieu du visage : il est amoureux de toi, c'est sûr !!

Lisa avait rigolé. Chloé était drôle. Elle était déjà assez vieille, quelque chose comme vingt-cinq ans, mais elle raisonnait comme une petite fille. D'abord, elle n'aimait que la couleur rose, elle n'achetait que les journaux sur les stars et les rois, elle croyait aux fées, elle ne regardait que des films d'amour, elle ne lisait que des livres avec des princes charmants. Lisa et Chloé ne vivaient vraiment pas sur la même planète ! Pour Lisa, Chloé racontait des bêtises. En plus, comme elle avait un copain, Valentin, les autres garçons ne l'intéressaient pas.

Lisa, elle, avait d'autres explications au sujet du garçon au sac noir. Elle avait d'abord pensé que c'était un pickpocket de vieilles dames parce qu'il s'asseyait souvent à côté d'une grand-mère. Elle en avait même parlé à Patrick. Mais Patrick avait rigolé.
- Bon, si c'est pas un pickpocket, avait répondu Lisa, c'est sûrement un dealer. Il colle peut-être un petit paquet de drogue sous le banc et quelqu'un le ramasse après lui.
- T'as trouvé quelque chose ?
- Non, mais c'est peut-être un espion parce qu'il passe son temps à faire des dessins dans un petit cahier rouge.
- Et, moi, je suis le président de la République ! riait toujours Patrick.
- Tu trouves ça normal, toi, un type de 18 ou 19 ans qui prend le bateau tous les jours ?
- C'est quand même pour ça qu'on est là ! Pour les touristes et les Parisiens qui n'aiment pas le métro ou le bus !

---

4 **qc se voit comme le nez au milieu du visage** das sieht selbst ein Blinder – 8 **raisonner** réfléchir – 10 **croire à qc** glauben an – 12 **un prince charmant** Märchenprinz – 16 **au sujet de qn/qc** bezüglich – 17 **un pickpocket** Taschendieb – 25 **un,e espion,ne** Spion – 27 **le président de la République** Staatschef – 31 **quand même** doch noch

– D'accord, y'a 95 % de touristes… et, pour le reste, tu parles des vieux Parisiens qui n'ont rien d'autre à faire…
– Des dingues, y'en a partout, Lisa…
– Il parle à son sac. Je l'ai vu.
– Ben, tu vois, c'est un fou… C'est peut-être un fou gentil. Tu imagines toujours des histoires à dormir debout. Y'a pas des gens méchants partout !

Patrick l'énervait quand il lui faisait la morale. Elle essayait de ne pas réagir et de ne rien dire parce que Patrick, c'était l'ami et le voisin de sa famille. Il était surtout le seul à qui Lisa montrait les textes qu'elle écrivait. Il lui donnait des conseils, il l'aidait parce qu'avant d'être capitaine du *Batobus*, il avait été prof de français. C'était aussi grâce à Patrick que le propriétaire des *Batobus* de Paris avait engagé Lisa. La jeune fille avait eu 16 ans le 14 juillet dernier. Sur le papier, elle avait le droit de travailler. Mais dans la réalité, c'était difficile de trouver un emploi à 16 ans ! Alors Lisa était bien contente d'avoir ce job. Et puis, elle aimait ce travail de matelot. Elle prenait les tickets des passagers, elle répondait à leurs questions, elle faisait attention à leur sécurité. Ce n'était pas très difficile, et elle découvrait un autre Paris. Car jusque-là, elle n'avait jamais eu l'idée de faire un tour en bateau sur la Seine. Depuis, elle comprenait mieux pourquoi les touristes aimaient ça. C'était si beau sous les ponts de Paris, surtout le matin très tôt ou le soir très tard ! Bon, ensuite, il fallait aussi laver le bateau ! Cette partie du travail était moins drôle et même souvent vraiment dure !

Avec l'argent qu'elle allait gagner sur le *Batobus*, Lisa voulait voyager. Elle voulait visiter des pays comme sa copine Louise qui était partie cet été à vélo. Enfin, pas vraiment comme Louise. Lisa détestait être seule. Et s'il lui arrivait quelque chose loin de chez elle, dans un pays où elle ne connaissait personne et dont elle ne parlait pas la langue ? Voyager à deux, c'était plus sûr ! Déjà, à Paris, tout

---

6 **une histoire à dormir debout** hanebüchene Geschichte – 8 **faire la morale à qn** jdm die Leviten lesen – 15 **engager** einstellen

Le Pont Neuf

était si dangereux. Lisa avait peur des accidents de la route parce que les gens roulaient comme des fous, de la pollution qui était vraiment grave et des voleurs qu'on ne voyait pas dans la foule. Comme beaucoup de monde dans la capitale, depuis la fin des années 1980, elle craignait aussi les attentats. Un petit paquet tout seul dans le métro, et c'était la panique !

2 Lisa a peur de faire du vélo

– Comment je suis ?
Chloé regardait Lisa avec impatience. Mais Lisa ne l'entendait pas.
– Hé, oh ! !
– Quoi ?
– T'as vu mon nouveau t-shirt !

---

3 **la pollution** Umweltverschmutzung – 10 **l'impatience** *f.* Ungeduld

Chloé avait déjà rangé son uniforme bleu et portait un t-shirt rose, très court. Elle avait aussi un pantalon blanc et plein de bijoux. Elle avait l'air d'un sapin de Noël en plein été. Quand elle ne travaillait pas, Chloé avait deux projets dans la vie : trouver le prince charmant et passer à la télé. Lisa lui disait :
– Le prince charmant, on l'a inventé, tu savais pas ?
– Et toi, t'es jalouse ou malheureuse, ou peut-être les deux ? Allez, je discute pas avec toi. On enregistre ce soir !

Lisa traduisait : Chloé voulait dire qu'elle était dans le public d'une émission de télé. C'était un peu son deuxième travail. D'ailleurs, on la payait pour ça. Les studios n'étaient pas loin, sur la rive droite de la Seine.
– Lisa, t'es encore là ?
– Ben, toi aussi, et ton émission de télé ?
– Je voulais te dire : t'es vraiment pas sympa comme fille ! Tu m'avais caché que ton copain était super canon !
– Mon copain ? Comment tu le sais ? Il est à Font-Romeu !
– Ben, y'a un type qui t'attend dehors, et t'as trop de chance !

Chloé avait fermé la porte. Lisa venait de comprendre que le mec super canon qui l'attendait, c'était Franck, son cousin. Franck avait eu la bonne idée de venir habiter chez elle pendant que ses parents et son petit frère passaient le mois d'août en Bretagne, sur l'île de Groix, dans un camping où ils allaient chaque année. Avec Franck à la maison, Lisa n'avait pas peur de rester seule à Paris. D'abord, il avait 23 ans. Ensuite, il était ceinture noire de judo. Il était venu à Paris pour passer le concours des Beaux-Arts. Franck détestait Paris. Il préférait des villes comme Lyon ou Toulouse. En fait, il adorait surtout la campagne. Il avait toujours habité en Bourgogne, dans un village de Saône-et-Loire. Pour lui, Paris était une ville trop grande, pas cool

---

3 **un bijou** Schmuck – 3 **un sapin de Noël** Weihnachtsbaum – 5 **passer à la télé** ins Fernsehen kommen – 10 **traduire** übersetzen – 11 **le public** Zuschauer – 11 **une émission** Sendung – 12 **d'ailleurs** übrigens – 18 **Font-Romeu** ville dans les Pyrénées – 25 **un camping** Campingplatz – 28 **une ceinture** Gürtel – 29 **les Beaux-Arts** Kunstakademie

du tout, sale, chère, polluée. Il pensait que seuls les gens qui avaient de l'argent pouvaient y vivre bien. Tout n'était pas faux, mais Lisa voulait aussi montrer un autre Paris à Franck.

5 – Salut, Franck ! avait-elle dit au jeune homme qui était déjà en train de dessiner la tour Eiffel. On va au Père Lachaise ?
– Salut ! J'ai encore besoin de cinq minutes, d'accord ?
Franck était dans son dessin. Lisa n'aimait pas trop les
10 travaux de son cousin. Il ne dessinait que des ponts, des églises, des immeubles, des voitures… et des vaches aussi ! Mais il n'avait pas encore vu de vaches à Paris !

Lisa et Franck avaient donc pris le bus 69. Lisa aimait visiter Paris avec son cousin. Elle était née à Paris, mais
15 elle ne connaissait pas toute la ville. La dernière fois, les deux cousins avaient descendu les Champs-Elysées, une des plus belles avenues du monde, de la place de l'Etoile à la place de la Concorde. Une vraie excursion de plus de deux kilomètres !
20 – C'est sûr, je pouvais pas manquer ça, mais bon, je voudrais pas seulement aller dans les endroits où vont les touristes, lui avait demandé Franck.
– On peut aller dans le quartier du Père Lachaise, avait proposé Lisa.
25 – Mais, le Père Lachaise, c'est un cimetière, non ?
– Tu sais, le Père Lachaise, c'est le plus grand et le plus vieux parc de Paris. Y'a plein d'arbres. C'est très sympa de s'y promener.
– Des arbres, chez moi, j'en ai plein.
30 – Ok, mais pour toi qui veux faire les Beaux-Arts, le Père Lachaise, c'est un peu le cimetière des artistes : Modigliani, Chopin, Edith Piaf, Jim Morrison, Rossini sont là-bas. Mais on va pas rester toute la journée. De là, on peut visiter Belleville, c'est un quartier très vivant.

---

1 **pollué,e** la pollution – 11 **un immeuble** Wohnhaus – 17 **une avenue** une grande rue – 21 **un endroit** Ort – 25 **un cimetière** Friedhof – 34 **vivant,e** lebendig

Marché de Belleville

Y'a beaucoup de monde dans les rues. En plus, le vendredi, c'est génial, y'a un marché super où tu peux tout acheter et c'est pas cher.
– On pourrait y aller à vélo ?
Lisa avait regardé son cousin avec horreur. A Paris, rouler à vélo, c'était vraiment trop dangereux. En plus, avec le bus, on voyait tout Paris. Pour rentrer, elle pensait prendre le 96 jusqu'à Saint-Michel. Le bus passait dans le quartier branché de la rue Oberkampf, devant le Cirque d'Hiver, dans le vieux quartier du Marais, à côté des bouquinistes et du marché aux fleurs.
– Regarde, Lisa ! C'est quoi ça ?
Franck montrait à sa cousine les quais de Seine. Derrière le pont des Arts, on voyait une foule de gens en maillots de bain comme sur les plages de Nice ou d'Antibes.

---

10 **un bouquiniste** *m.* Straßenbuchhändler – 13 **un quai** *ici:* Ufer

Paris-Plage

C'était Paris-Plage. La mairie avait transformé les quais de la Seine en plage pour les Parisiens qui ne partaient pas en vacances.
– Les Parisiens sont vraiment trop oufs, rigolait Franck. Il faut le voir pour le croire ! Mais c'est sympa !
– Ah, non ! Tu parles, c'est super nul ! C'est du cinéma !
Lisa ne connaissait pas beaucoup de Parisiens qui restaient à Paris au mois d'août. Le père de Lisa, qui conduisait un taxi, travaillait comme un fou toute l'année pour quitter la capitale en août et pas à une autre date. Tous les copains de Lisa étaient partis. Valentin faisait de l'escalade à Font-Romeu. Cécile était chez sa grand-mère à Saint-Tropez. Pierre et Adrien faisaient de la voile à Fécamp. Marie prenait des cours d'anglais à Liverpool. Dans les rues de Paris au mois d'août, il n'y avait pas un chat. A la Butte aux Cailles, c'était le seul moment où on trouvait sans problème une place de parking. Mais malheureusement,

---

1 **une mairie** Rathaus – 1 **transformer qc en** verwandeln – 4 **ouf** *fam.* fou

il n'y avait plus qu'une seule boulangerie qui ouvrait : celle qui faisait le plus mauvais pain.
- Bon, on descend si tu veux, on va voir Paris-Plage de plus près. Le Père Lachaise, ce sera pour un autre jour.
- Oui, mademoiselle, bien, mademoiselle !
- Tu peux pas arrêter avec tes « mademoiselle » ?
Franck rigolait. C'était vraiment facile d'énerver Lisa.

Le lendemain, la journée de Lisa avait mal commencé. Le réveil n'avait pas sonné. Il n'y avait rien à manger pour petit-déjeuner.
Franck avait encore oublié de faire les courses. L'adolescente avait passé un quart d'heure à chercher son portable et elle l'avait finalement retrouvé dans un saladier sur l'étagère de la cuisine ! Elle était même partie sans boire son bol de chocolat. Malheureusement, dehors, il faisait très beau et la Butte aux Cailles était comme une île dans la ville, tranquille et magnifique.

La Butte aux Cailles

---

9 **un réveil** Wecker – 15 **un bol** Schale – 15 **un chocolat** *ici:* Kakao – 17 **magnifique** très beau

Vraiment, rien n'invitait Lisa à aller travailler. En plus, c'était un jour férié, le 15 août, et ce jour-là, le quartier était encore plus vide qu'un dimanche. Même le petit magasin algérien avait fermé et la boulangerie qui faisait
5 du mauvais pain avait collé une affiche : « En vacances du 15 au 31 août ». Ensuite, le métro ne s'était pas arrêté à la station Corvisart à cause d'un accident et du coup, Lisa avait dû marcher jusqu'à la place d'Italie.

Pour la première fois, Lisa n'avait pas eu envie de retrouver
10 le *Batobus*. En fait, elle n'avait envie de rien. Elle était fatiguée. Elle travaillait la journée, souvent aussi le soir et quand elle n'était pas sur le *Batobus*, elle visitait Paris avec Franck. C'était trop. Elle avait seulement seize ans ! Elle regrettait presque de ne pas être partie en vacances
15 avec ses parents sur l'île de Groix. Pourtant, elle avait été contente de rester sans eux. Elle en avait assez : ils se disputaient beaucoup et toujours devant elle. Elle se demandait parfois pourquoi ils étaient encore ensemble.

Mais à Paris, le mois d'août était mortel. Tout à coup, plus
20 rien ne plaisait à Lisa. Tout l'énervait même. D'abord, il y avait Chloé : Lisa travaillait avec elle, mais elle n'avait rien à lui dire. Ensuite, Patrick la voyait toujours comme une enfant et il était « l'espion » de ses parents. Et puis Lisa n'aimait pas cet uniforme bleu très laid qu'elle devait
25 porter : elle avait l'air d'un schtroumpf. Il y avait aussi toujours ces deux ou trois touristes qui n'étaient jamais contents et qui se plaignaient sans arrêt. Et en plus, après, il fallait laver le bateau, quelle galère !

Maintenant, Lisa comptait les jours. Cinq jours. Cela
30 faisait cinq jours que Valentin ne lui avait pas envoyé de SMS. Depuis le début des vacances, il ne lui avait pas écrit souvent ou seulement quelques mots. Mais, là, c'était le silence. Lisa imaginait toutes les raisons possibles pour

---

2 **un jour férié** Feiertag – 4 **algérien,ne** qui vient d'Algérie – 7 **à cause de qc/qn** wegen – 7 **du coup** c'est pourquoi – 14 **regretter** bereuen – 19 **mortel,le** *fam.* très ennuyeux – 25 **un schtroumpf** Schlumpf – 27 **sans arrêt** tout le temps – 28 **une galère** *fam.* une situation difficile

expliquer le silence de Valentin. Son copain ne l'aimait plus, ou alors il avait eu un accident très grave et il était à l'hôpital. Mais non, en fait, il avait rencontré une autre fille et il l'avait oubliée, elle, Lisa, seule au monde, seule et triste.

Elle avait envie de pleurer et de partir loin, très loin de Paris au mois d'août. Elle voulait déjà être au mois de septembre, rentrer au lycée même si elle avait un peu peur. Elle allait entrer en seconde. C'était important maintenant. Les années collège étaient derrière elle. Devant elle, il y avait le bac à préparer. Elle avait trois ans pour ça. Mais tout commençait maintenant si elle voulait avoir de bonnes notes et si elle voulait entrer dans la meilleure école de cinéma de Paris. Déjà, elle avait dû travailler dur. Quelle chance d'être au lycée Henri IV ! Mais depuis le début des vacances, Lisa n'avait même pas encore ouvert un livre. Vraiment, cet été, elle n'avait rien réussi… Lisa se sentait triste et nulle. Elle ne pouvait parler de tout ça à personne. Franck ne pensait qu'à son concours et allait se moquer de ses histoires d'enfant. Chloé n'avait rien dans la tête. Patrick savait déjà trop de choses. Lisa pensait à ses copines qui étaient en vacances. Elle essayait d'oublier Valentin. Ses parents la croyaient super contente. Quand elle leur téléphonait, elle jouait le rôle de la fille qui va bien. Elle ne pouvait pas leur avouer que c'était le contraire et qu'elle avait besoin d'eux. Elle avait eu seize ans et elle devait se débrouiller sans papa et maman !

– T'es en retard ce matin Lisa, avait dit Patrick quand Lisa était enfin arrivée sur le *Batobus*.
– Y'a eu un accident dans le métro !
– Faut se coucher tôt, le soir, Lisa !

Lisa détestait quand il jouait à être son père.

– Tiens, il est encore là ! pensait Lisa.

---

4 **seul,e au monde** mutterseelenallein – 8 **même si** auch wenn – 9 **la seconde** etwa 10. Klasse – 15 **le lycée Henri IV** un des meilleurs lycées de Paris – 17 **réussir** *ici:* erreichen – 32 **jouer à** + *inf.* sich aufführen wie

Le garçon au sac noir était monté sur le bateau comme chaque jour. Elle lui avait fait un sourire comme aux autres passagers mais aujourd'hui, il ne lui avait pas répondu. Lisa se demandait pourquoi. Est-ce qu'il savait que Lisa avait deviné ses projets ?

– Bonjour monsieur, bonjour madame, bienvenue sur le *Batobus* !
– C'était génial hier soir… Bonjour madame… La télé, c'est vraiment super… Bienvenue… Welcome on board… J'ai rencontré un type qui peut peut-être m'aider à jouer dans un film !

Chloé racontait ses aventures à la télé, mais Lisa ne l'écoutait pas. Elle détestait le petit écran. Lisa regardait le garçon au vieux sac noir. Il était seul sur son banc. Pas de chance pour lui : aujourd'hui, il n'y avait pas d'enfants à voler. Il sortait de son sac des paquets de spaghettis et des boîtes de sauce tomate et les comptait. Est-ce qu'il allait vraiment manger tout ça ? Est-ce qu'il volait aussi dans les supermarchés ? Ce type était vraiment trop louche.

– Tu dois avoir un message, Lisa ! Ton portable ! Ton portable sonne !

L'adolescente n'avait rien entendu. Pourtant, Chloé avait raison. Lisa avait reçu un message. C'était peut-être Valentin. Il ne l'avait donc pas oubliée. Il l'aimait toujours. Mais, malheureusement, non, ce n'était pas Valentin. Lisa lisait : « Coucou ! C Ccile ! Ici c bo et c Gnial. G 1 cop1 allemand. Je comprends rien mais il embrasse bien. G 1 Kdo pour toi. Biz et à + »

Lisa avait mal au ventre. Cécile passait de bonnes vacances chez sa grand-mère, à Saint-Tropez. Pourquoi Lisa avait-elle eu cette idée de travailler pendant l'été ? Ses parents n'avaient rien demandé. A son âge, elle pouvait encore s'amuser. Elle avait toute la vie pour travailler ! Elle était vraiment trop bête.

---

13 **le petit écran** la télévision – 17 **une boîte** Dose – 19 **louche** suspect – 26 **c** = c'est – 26 **bo** = beau – 26 **G** = j'ai – 26 **cop1** = copain – 27 **Kdo** = cadeau – 28 **à +** = à plus tard

3 Lisa a peur du RER

Lisa avait suivi sans réfléchir la foule des touristes qui descendaient à Notre Dame. Elle ne savait pas très bien où elle allait, mais elle voulait quitter le *Batobus*. Derrière elle, elle entendait Chloé qui l'appelait, mais Lisa continuait. Devant elle, il y avait le garçon au sac noir. Il marchait vite. Lisa avait encore eu cette impression bizarre : elle croyait qu'elle l'avait déjà vu. Il avait quelque chose que Lisa avait déjà remarqué. Mais où ? Maintenant, elle voulait savoir. Elle devait trouver qui était ce type qui prenait tous les jours le *Batobus*.
Le garçon avait traversé le pont et était descendu dans le RER, à Saint-Michel.

La station St Michel ; un ticket de métro

---

le RER (Réseau Express Régional) S-Bahn – 6 **une impression** un sentiment

Lisa détestait cette station parce qu'elle avait souvent entendu ses parents parler de l'attentat du 25 juillet 1995 dans le RER B. Il y avait eu huit morts et cent-cinquante blessés. Mais aujourd'hui, la jeune fille ne voulait pas trop
5 penser à ça. Les escalators descendaient profondément dans la station. Lisa avait le sentiment d'aller jusqu'au centre de la terre. Il y avait peu de lumière. Lisa ne voulait pas perdre des yeux le garçon. Mais, comme il n'y avait pas un chat, ce qui était normal pour un 15 août, Lisa
10 faisait très attention. Le garçon ne devait surtout pas la remarquer. Sur le quai du RER, c'était déjà plus facile. Des gens allaient et venaient. Mais, ensuite, dans la voiture vide du RER, il avait fallu se débrouiller.

Le garçon était descendu à la gare du Nord. Derrière
15 lui, Lisa courait presque. Il marchait beaucoup plus vite qu'elle. Cinq minutes plus tard, il entrait dans le métro à La Chapelle. Lisa se demandait jusqu'où le garçon voulait aller. Est-ce que ce garçon passait ses journées dans les transports en commun ? Ou est-ce qu'il allait vraiment
20 quelque part ? Il était finalement sorti du métro à la station Blanche. Lisa ne se sentait pas très bien dans ce quartier qu'elle ne connaissait pas. Le garçon au vieux sac noir continuait d'aller tout droit, dans la rue Lepic. Tout à coup, il s'était retourné. Pourquoi est-ce qu'il regardait
25 dans sa direction ? Est-ce qu'il l'avait vue ? Elle portait des lunettes noires, mais elle avait toujours son uniforme bleu. Elle s'était vite cachée derrière une voiture. Elle était restée là de longues minutes avant de repartir. Mais le garçon n'était plus là.

30 – Mince ! Mais où est-ce qu'il est ?

Elle croyait qu'elle l'avait perdu, mais soudain, il était là, devant le 13 de la rue Lepic. Il entrait dans un bel immeuble. Elle voulait le suivre, mais impossible de rentrer sans le digicode.

---

4 **un,e blessé,e** Verletzter – 5 **un escalator** Rolltreppe – 5 **profondément** tief – 8 **perdre des yeux** *m.* aus den Augen verlieren – 11 **un quai** *ici:* Gleis – 19 **les transports** *m.* **en commun** öffentliche Verkehrsmittel – 20 **quelque part** irgendwo

Affiche du film « Le fabuleux destin d'Amélie Poulain »

Lisa avait décidé d'attendre dans le café du 15 de la rue Lepic, un vieux café des années cinquante.
– Mais c'est le café des deux Moulins, le café d'Amélie Poulain, le film avec Audrey Tautou ! pensait Lisa.
L'adolescente découvrait seulement maintenant qu'elle était dans le quartier de Montmartre.
Lisa avait attendu longtemps, puis elle était partie sans rien savoir sur le garçon. Ni son nom, ni son âge. Rien.
Lisa marchait dans Montmartre sans savoir où elle allait. Elle voulait éviter le Sacré-Cœur pour ne pas rencontrer la foule des touristes avec leurs appareils photos. Rue des Abbesses, il y avait pourtant aussi beaucoup de monde, mais pas les mêmes personnes. Dans ce quartier très à la mode, les gens regardaient les vêtements et les meubles dans les magasins branchés.

Rue des Abbesses

Elle se demandait finalement aussi pourquoi elle avait quitté le *Batobus* comme ça, sur un coup de tête. Maintenant, elle avait perdu son travail. C'était sûr. Comment pouvait-elle expliquer à Patrick son départ ?
5   Qu'est-ce qu'elle allait dire à ses parents ?
– Arrête ton cinéma, Lisa, avait-elle pensé. Maintenant, tu rentres à la maison et au lit ! Ça ira mieux demain !

Quelqu'un avait sonné à la porte et réveillé Lisa.
– Franck, tu ouvres, s'il te plaît ! avait-elle crié. Je dors et
10   j'attends personne !
Lisa ne voulait pas sortir de son lit.
– Franck ! T'es sourd ou quoi ?
Mais Franck n'avait pas répondu. Il n'était peut-être pas là. Quelle heure était-il ? Dehors, le ciel était encore bleu.
15   Le réveil indiquait 21h45. Lisa dormait depuis une heure seulement.
– Qui c'est ? avait encore crié Lisa derrière la porte.
– C'est Patrick !

---

2 **sur un coup de tête** *f.* spontanément – 7 **au lit !** ab ins Bett!

– Oh, non, avait pensé Lisa qui mettait son jean. Il ne peut
  pas me laisser tranquille. Je ne veux voir personne.
Mais elle avait répondu :
– Oui, oui, c'est bon !
L'adolescente se sentait mal car elle allait devoir répondre
aux questions du capitaine du *Batobus*.
– Tu dormais déjà ?
– Ben, ouais.
– Je peux entrer ?
– Oui.
Patrick s'était assis à la table de la salle à manger pendant
que Lisa allait chercher des verres à la cuisine. Il parlait de
tout et de rien. Puis Lisa était revenue et il lui avait dit :
– Je voulais m'excuser. J'ai été un peu trop dur avec toi sur
  le bateau. Je comprends, tu en as eu marre ce matin !
Lisa avait regardé Patrick avec surprise.
– Mais non, c'est pas de ta faute !
– Le job n'est pas très drôle… En plus, ce n'est pas facile
  de travailler avec Chloé !
– Ah, mais pas du tout !
– En fait, je voulais te dire que j'étais vraiment content de
  toi. Tu bosses bien sur le bateau !
Lisa hallucinait. Patrick n'était pas en colère contre elle.
Pourquoi ? C'était tout le contraire : il s'excusait. Il était
même désolé et lui demandait si elle voulait bien revenir
sur le *Batobus*.
– J'ai dit aux autres que tu étais malade et que tu avais
  demandé si tu pouvais partir plus tôt.
On sonnait à la porte. C'était Franck qui avait oublié ses
clefs. Patrick s'était levé avec Lisa.
– Salut Franck ! Alors, ce concours ?
– J'en ai marre ! Je reviens de la piscine. Aujourd'hui, il
  faisait trop chaud pour travailler !
– Oui, tu peux le dire ! Bon, allez, j'y vais ! Bonne soirée et
  à demain, alors, Lisa !

---
22 **bosser** *fam.* travailler

4 Lisa a peur des attentats

Pour Lisa, la réaction de Patrick restait un mystère. Elle le connaissait depuis longtemps, mais c'était seulement maintenant qu'elle découvrait sa personnalité. Le capitaine du *Batobus* était un homme vraiment gentil
5 qui avait horreur des disputes. Pour Lisa, c'était la seule explication possible. En plus, ce matin, Patrick avait fait comme si l'adolescente n'avait pas quitté le bateau hier.

– Au revoir mademoiselle Lisa ! A demain !
Le garçon au sac noir avait appelé Lisa par son nom.
10 L'adolescente n'avait pas rêvé. Le garçon avait dit « Lisa ». Il avait dit « mademoiselle » aussi. Il lui avait même presque donné un rendez-vous pour le lendemain. Comment connaissait-il son nom ? Lisa n'avait pas répondu. Elle le regardait descendre du bateau sur le quai
15 puis monter l'escalier vers la cathédrale Notre Dame. Elle se demandait s'il avait vu qu'elle le suivait dans la rue Lepic. Il imaginait maintenant peut-être qu'il intéressait Lisa. Mais c'était faux. Pour la jeune fille, ce qui était important, c'était la sécurité des passagers. Ce garçon
20 était dangereux, elle en était sûre. Elle ne comprenait pas encore qui il était et ce qu'il faisait sur le *Batobus*. Mais il fallait éviter la catastrophe. Sur le bateau, il y avait plus de 200 personnes.

– Patrick, viens s'il te plaît ! Regarde le carton, là !
25 C'était un gros carton avec un long fil rouge pour le fermer. Il était sous un banc. Lisa l'avait tout de suite remarqué. Le gros carton se trouvait à la place du garçon au sac noir. C'était sûrement lui qui l'avait posé là.
– Mets-le à côté, dans la cabine. Quelqu'un a dû l'oublier !
30 – Il faut appeler la police, non ?
– La police ? Mais pourquoi ?
– Patrick…

---
1 un mystère Rätsel – **3 la personnalité** Persönlichkeit – **7 comme si** als ob

– Ne me dis pas que tu penses à une bombe ?
– On sait jamais.
– Les gens oublient tous les jours plein d'objets sur le bateau. Même une fois, une maman a oublié son bébé !
– Quelle horreur ! Mais, là, c'est un carton. Les bombes sont toujours dans des cartons... ou dans des sacs à dos.
– Arrête ton cinéma !
– Je connais le type qui a laissé le carton.
– Ah, bon ? T'as un copain terroriste ?
– Mais non... je croyais que c'était un voleur... un voleur d'enfants... pas un terroriste.
– Attends, c'est quoi ces histoires ?
– Patrick... La bombe !
– La bombe ! La bombe ! Arrête d'avoir peur ! C'est un carton. Tu vas voir... Bon, je vais l'ouvrir...
– Elle va exploser, alors !

Patrick n'écoutait plus Lisa. Il avait ouvert le carton et maintenant il riait. Il riait fort et Lisa faisait la tête.

– Regarde, des bulles de savon !

Il y avait plein de petites bouteilles roses, jaunes et bleues pour faire des bulles de savon. Sous les petites bouteilles, Patrick avait aussi découvert des dessins.

– Ils sont magnifiques ! disait-il.

Lisa ne voulait pas l'avouer, mais elle avait un vrai coup de foudre pour ces dessins. Il y avait une vieille dame qui caressait un chat dans une cuisine, des enfants qui regardaient la tour Eiffel, une jeune fille, toujours la même, qui mangeait une glace ou qui lisait sous un arbre. Lisa aimait beaucoup l'expression des visages de ces personnages. Elle se sentait très proche d'eux. Il y avait quelque chose de magique et de très fort dans ces dessins.

– Regarde là, Lisa ! C'est toi ! Si, si, tu fais la tête ! Excuse-moi, mais c'est exactement toi quand tu es en colère !

---

19 **une bulle** Blase – 19 **un savon** Seife – 30 **proche** nah

Lisa ne riait pas. Elle regardait cette fille, avec ses yeux clairs et ses cheveux très courts. Elle était jolie.
– Il a l'air plutôt sympa, ton copain terroriste ! Il fait des bulles de savon, dessine…
– C'est pas mon copain, je t'ai déjà parlé de ce mec une fois, je pensais qu'il était pickpocket. Il prend le *Batobus* tous les jours et je me demande pourquoi, voilà !
– A mon avis, c'est un artiste ! Le bateau, c'est super pour dessiner ! Tu peux pas me dire qu'il dessine mal !
– On s'en fout ! Pour moi, ce garçon est bizarre. Il cache quelque chose et je voudrais bien savoir quoi !
– D'accord, d'accord ! Moi aussi, je vais faire attention ! Mais, bon, maintenant, au travail !

Le lendemain, Lisa avait sauté dans le métro et couru jusqu'à la tour Eiffel. Elle était même arrivée trop tôt sur le bateau. Il n'y avait personne. Elle voulait rendre elle-même son carton au garçon car elle voulait lui poser des questions. Les bulles de savon et les dessins étaient une bonne occasion pour avoir des explications. Mais le garçon n'était pas venu.
Une fois de plus, la journée de travail de Lisa avait mal commencé et tout à coup, c'était toute sa vie que l'adolescente avait trouvée difficile. Elle pensait à ses parents et à son petit frère qui étaient en vacances sur l'île de Groix. Quelle chance ! Elle n'aimait pas trop la Bretagne, mais en vacances, ses parents se disputaient moins, criaient moins. Surtout, ils étaient toujours cool avec Lisa. Ils la laissaient libre. Là-bas, Lisa passait ses journées avec ses copains. C'était génial, l'île de Groix, pas pour la mer, mais pour tout le reste ! Le sable blanc sur la plage, les crêpes, les pique-niques et le vélo quand on en avait envie ! Lisa pensait aussi à Valentin dont elle n'avait toujours pas de nouvelles. A la gare, il lui avait dit qu'il allait lui envoyer un SMS tous les jours. Elle avait été bête

---

2 **clair,e** *ici:* hell – 13 **au travail !** an die Arbeit! – 14 **sauter** springen – 19 **une occasion** Gelegenheit – 21 **une fois de plus** encore une fois

et elle l'avait cru. Mais depuis son départ, elle n'en avait même pas reçu cinq. Valentin l'avait vite oubliée. Loin des yeux, loin du cœur. Ils n'étaient ensemble que depuis trois semaines. C'était peut-être mieux, finalement.
– Regarde qui est là ! avait crié Chloé qui se trouvait de l'autre côté du bateau.
Lisa avait tourné la tête et elle voyait le garçon au sac noir qui marchait vers elle. Mince ! Elle n'avait pas imaginé qu'il allait monter à Notre Dame. Elle se sentait mal. Tout à l'heure, elle avait espéré le voir. Mais, maintenant, il était là et elle ne savait plus ce qu'elle voulait lui demander.
– Bonjour mademoiselle !
– Bonjour, euh…
– Hier, j'ai oublié un carton avec un fil rouge. Je crois que je l'ai laissé sous un banc. Tu ne l'as pas vu ?
Lisa ne trouvait pas ses mots. Elle ne regardait pas le garçon. Elle se sentait toute rouge.
– Si, si, avait-elle dit, finalement.
Elle n'avait pas pu faire une phrase complète.
– Tu l'as ouvert ?
– Oui.
– Et, alors ?
– Alors… On se demandait ce que c'était, s'il fallait jeter le carton à la poubelle ou non.
– Ah…

5 Lisa a peur de la foule

Jamais Lisa ne s'était sentie aussi bête qu'avec le garçon au sac noir. Non, jamais elle n'avait eu ce sentiment d'avoir la tête vide et les jambes lourdes. Quand elle y pensait, elle avait honte. Tout à coup, elle n'avait plus su quoi dire, même pas des petites choses, des choses pas importantes qu'on raconte dans la vie de tous les jours. Elle n'était

---

2 **loin des yeux, loin du cœur** aus den Augen, aus dem Sinn – 23 **jeter** werfen – 30 **avoir honte** f. sich schämen

pourtant pas timide. Qu'est-ce qu'il s'était donc passé ?
Elle avait peut-être eu un coup de fatigue. Oui, c'était
sûrement cela. Aujourd'hui, elle se sentait mieux. Elle avait
tout simplement eu besoin d'une bonne nuit dans son lit.
Ce matin, elle allait pouvoir demander des explications
au garçon. Mais avant ça, pour commencer la journée, ce
matin, il y avait tout ce qu'elle aimait sur la table du petit-
déjeuner : un jus d'orange, du pain, un œuf, du fromage…
et son bol de chocolat ! Elle avait faim.
– Ah ! Ça fait plaisir de te voir manger !
Franck cherchait le café sur l'étagère.
– Je t'ai déjà fait ton café. Tiens, regarde !
– Quelle bonne nouvelle !
– Merci d'avoir fait les courses.
– Je suis une vraie mère pour toi.
Franck rigolait. Il avait l'air vraiment fatigué.
– Est-ce que je t'ai réveillé avec ma musique ?
– Non, je ne me suis pas encore couché. J'ai dessiné toute
la nuit ! Mais, ta musique… c'est quoi ?
– C'est Kyo. Tu connais pas ?
Le téléphone avait sonné. Lisa avait décroché sans attendre
la réponse de Franck. C'était Patrick.
– On a un problème. Quelqu'un est entré dans la cabine
cette nuit et a essayé de partir avec le bateau. Bref, le
moteur est cassé et on peut pas travailler.

Lisa détestait attendre. C'était pourtant bien ce que
Patrick lui avait demandé de faire et c'était ce qu'elle avait
fait toute la journée. Elle avait attendu, rien d'autre. Elle
n'était même pas sortie. Elle avait regardé le téléphone
et espéré entendre les dernières informations. Mais rien.
Franck lui avait même proposé un petit tour dans le
quartier du Marais, mais elle n'avait rien voulu faire.
Patrick avait finalement appelé à 22h. Le *Batobus* était

---

2 **un coup de fatigue** *f.* Durchhänger – 10 **cela fait plaisir de** *(+ inf.)* es ist erfreulich… – 20 **Kyo** französische Musikgruppe – 21 **décrocher** abheben – 28 **rien de…** nichts… als…

toujours en panne. Lisa devait travailler sur un autre bateau pendant quelques jours. C'était un bateau qui allait du musée d'Orsay au parc de la Villette, de la Seine au canal Saint-Martin.

Le canal Saint Martin

---

1 **être en panne** *f.* eine Panne haben

Lisa était restée trois jours sur l'autre bateau. Des jours longs comme des mois. Quand Patrick avait appelé la jeune fille pour revenir sur le *Batobus*, elle avait eu envie d'embrasser le téléphone. Et, maintenant, elle était enfin là et se sentait comme à la maison :
– Bonjour madame, oui, c'est ça, donnez-moi votre ticket s'il vous plaît !

Il y avait beaucoup de monde, mais pas le garçon au sac noir. Ni à la tour Eiffel, ni à Notre Dame.
Prenait-il un autre bateau ?
Et s'il ne revenait plus ?

Après sa journée sur le *Batobus*, Lisa avait pris le RER, puis le métro. Elle était revenue rue Lepic. Elle ne savait pas très bien ce qu'elle cherchait, pourquoi elle voulait en apprendre plus sur le garçon au sac noir. Son intuition peut-être. Croyait-elle vraiment encore qu'il était dangereux ? Ne pensait-elle pas qu'elle avait encore rêvé ? Ce garçon dessinait et aimait les bulles de savon. Il n'était pas pickpocket. Il n'enlevait pas les enfants. Il ne posait pas des bombes. Et pourtant, quelque chose clochait et Lisa craignait toujours un danger. Lequel ? L'adolescente ne savait pas répondre à cette question. Elle était inquiète, c'était tout. Dans sa tête, ce garçon restait mystérieux.

Lisa n'avait pas eu le temps de s'asseoir dans le café des deux Moulins. Le garçon était déjà là, devant la porte du 13 rue Lepic. Il sortait de l'immeuble. Il ne portait pas son vieux sac noir, mais une grosse enveloppe marron. Il marchait encore plus vite que la dernière fois. Derrière lui, Lisa courait toujours. Elle ne voulait pas le laisser partir.

Dans le métro, le garçon regardait souvent sa montre. Il était peut-être en retard à un rendez-vous.

Le garçon était d'abord descendu à la station porte Maillot. Il avait mis sa grosse enveloppe dans la boîte

---

19 **enlever** entführen – 20 **clocher** *fam.* nicht in Ordnung sein – 23 **mystérieux, -euse** → un mystère – 27 **une enveloppe** Umschlag – 33 **une boîte aux lettres** *f.* Briefkasten

aux lettres d'un immeuble moderne où Lisa avait lu
« Mystère et Marketing ». Quel drôle de nom ! Qu'est-ce
que cela pouvait être ? Mais Lisa n'avait pas eu le temps de
réfléchir : le garçon était redescendu dans le métro et était
allé jusqu'à Châtelet-les-Halles, la plus grande station de
métro d'Europe.
Toujours derrière le garçon, Lisa devait faire très attention
pour ne pas le perdre des yeux. Il y avait beaucoup de
monde dans les couloirs, très longs, qui allaient des lignes
de métro à la station RER jusqu'au Forum des Halles.
C'était une vraie ville sous la terre. Tout ce qui arrivait à
Paris ou tout ce qui en partait se retrouvait là.

Le Forum des Halles

– Hé, toi, la petite, donne-moi quelque chose. J'ai pas
  d'argent ! criait un type qui bousculait Lisa.
Lisa n'aimait pas trop venir toute seule jusqu'à la station
Châtelet-les-Halles. Il y avait trop de gens, trop de fous,
trop de dangers, trop de gens malheureux aussi. Devant
un magasin de photos, toute une famille demandait

---

4 **redescendre** → descendre

quelques euros pour manger. Des groupes de jeunes fumaient sur les escaliers ou s'entraînaient à faire du roller dans les couloirs. L'adolescente évitait de regarder à droite et à gauche. Devant elle, le garçon au sac noir descendait encore un étage sous terre. Il était entré d'abord dans un magasin de bonbons puis dans un magasin de vêtements pour bébé et chaque fois, il avait acheté plein de choses avec sa carte de crédit.

– Il a dû la voler, c'est pas possible ! Je me demande quels trafics il fait…

Lisa regardait sans réagir. Le garçon descendait déjà dans le RER.

– Mince, je vais le perdre ! avait pensé Lisa.

La foule était trop forte pour elle. Lisa ne voyait plus le garçon. Un train arrivait en gare et les gens qui rentraient chez eux, en banlieue, ne voulaient pas manquer leur RER.

– C'est pas vrai !

Lisa ne croyait pas ce qu'elle voyait. Quelle surprise ! Le garçon embrassait une jeune femme blonde qui avait les cheveux de Chloé. Lisa hallucinait. C'était Chloé ! L'adolescente ne voyait pas très bien. Elle était trop loin d'eux. Mais enfin, ils étaient là et parlaient ensemble. Lisa voulait aller près d'eux. Mais un RER ouvrait déjà ses portes. Une foule de gens passaient devant l'adolescente. Où étaient-ils maintenant ? Avaient-ils pris le RER pour aller chez Chloé qui habitait en banlieue ? Lisa avait perdu leur trace.

L'adolescente avait pris l'escalier pour quitter les Halles. Bientôt, tout le quartier allait changer. La mairie avait un projet. Heureusement, car ce quartier était devenu très laid ! Maintenant, Lisa retrouvait la rue. Elle voulait marcher dans le quartier de Beaubourg. Dehors, il ne faisait pas encore nuit et l'air était si doux. Les gens mangeaient des glaces, discutaient sur les bancs. Devant le centre Pompidou, des clowns présentaient des sketchs.

---

3 **éviter de** (+ *inf.*) vermeiden – 10 **un trafic** dubioses Geschäft – 33 **doux, douce** *ici:* mild

Le centre Pompidou

Une jeune femme jouait de la flûte. Lisa regardait tout cela sans s'arrêter.
Elle connaissait un magasin de BD dans le quartier. Elle avait d'envie de voir les nouveaux albums. Elle adorait la BD. Elle aimait *Titeuf, Boule et Bill, Gaston Lagaffe, XIII, Malika Secouss* et *Valérian*.
– Merci. A bientôt !
Trois mots. Quand elle était entrée dans le magasin, Lisa n'avait entendu que ces trois mots et elle avait tourné la tête vers la caisse. Elle ouvrait des yeux grands comme des soucoupes. Ce n'était pas possible. Elle devenait folle. Le garçon au sac noir était là. Il sortait du magasin.

---

11 **ouvrir des yeux grands comme des soucoupes** *f.* être très étonné

6 Lisa a peur d'être malade

Il y avait des jours où il était mieux, si possible, de rester au lit. C'était ce que Lisa avait pensé quand elle s'était levée. Elle avait fait la liste de tout ce qui n'allait pas : elle avait mal à la tête, un chat dans la gorge, le dos cassé et les yeux
5 rouges. Bref, Franck avait crié quand il l'avait vue :
– Oh, la vache ! Tu veux pas plutôt aller chez le médecin !
– Non, j'ai rien. J'ai la tête dans le plâtre, c'est tout !
Franck avait tout de suite compris qu'il n'y avait qu'une chose à faire : ne rien dire et attendre. Plus tard, sur le
10 *Batobus*, Patrick, Chloé et les autres avaient pensé la même chose quand ils avaient vu l'adolescente faire l'accueil des passagers. Lisa parlait à peine et quand elle le faisait, on n'entendait rien. Chloé avait bien proposé à Patrick de prendre la place de Lisa, mais Patrick n'avait pas voulu. Il
15 pensait que sa petite protégée cachait quelque chose et il attendait de voir la suite de l'histoire. Même le garçon au sac noir n'avait rien dit. Quand il était passé devant Lisa, elle ne l'avait même pas vu ou elle n'avait pas voulu le voir. Mais, soudain, quelqu'un avait crié :
20 – Au secours ! Au secours !
C'était une femme, plus très jeune, pas encore vieille, qui était montée sur un banc et qui avait l'air d'avoir très peur. Puis tout était allé très vite. La panique avait gagné ses voisins.
25 – Au secours ! Hilfe! Help! ¡Socorro!
Il y avait maintenant vingt ou trente personnes debout sur les bancs. Toutes montraient quelque chose qui courait sur le bateau. Lisa croyait voir une boule noire qui roulait entre les jambes des passagers. Une bombe ? On
30 n'était pas en guerre quand même ! Un animal. Une souris noire ? Pour une fois, Lisa était la seule qui n'avait pas peur. Elle avait même presque envie de rire. La scène était

---

1 **si possible** wenn möglich – 6 **la vache !** *fam.* Donnerwetter – 7 **avoir la tête dans le plâtre** se sentir malade – 15 **un,e protégé,e** Schützling – 26 **debout** stehend – 29 **rouler** rollen – 31 **pour une fois** ausnahmsweise

trop drôle. Mais sur le bateau, personne n'avait le sourire.
Chloé répétait :
– Ah, non ! J'ai horreur des souris !
C'était un chat. Un tout petit chat noir qui avait très peur.
Il se cachait.
– Il faut jeter cet animal à l'eau ! hurlait un homme.
Heureusement, Lisa avait attrapé le chat avant lui, ce qui
n'avait pas été facile. Elle l'avait caché dans la cabine de
Patrick avant d'entendre une voix qu'elle connaissait :
– Pour le chat, c'est de ma faute ! Je suis désolé !
Pourquoi ce garçon revenait-il toujours dans la vie de
Lisa ? Pourquoi était-il là juste au moment où elle ne
l'attendait pas ? Pourquoi ? Elle voulait pourtant ne plus
faire attention à lui. Cette nuit, elle avait décidé qu'il devait
sortir de sa tête. Alors, pourquoi revenait-il ? A présent, il
l'énervait vraiment. Elle l'avait trop vu. Mais on était sur la
Seine, entre deux escales, difficile de lui dire de partir !
Maintenant, les gens applaudissaient parce que Patrick
leur avait dit quelque chose. Lisa entendait à peine :
– Un petit chat est né ce matin sur le bateau. Il est si petit
   que nous avons cru que c'était une souris ! La maman
   et le bébé vont bien ! Merci pour eux !
Les passagers riaient. Personne n'avait trouvé ça bizarre.
Au contraire. On pouvait leur raconter n'importe quoi.
Vraiment, les gens changeaient d'avis comme de chemise.
– Mais pourquoi tu leur as dit ça ? avait demandé Lisa à
   Patrick qui était rentré dans sa cabine.
– Je suis comme toi. J'adore les histoires qui finissent bien !
Puis Patrick avait tourné la tête vers le garçon :
– Alors, c'est vous ! Bon, monsieur, vous allez vous
   expliquer maintenant. On ne veut pas d'animaux ici !
– C'est pas mon chat. Je m'occupe de lui pendant les
   vacances. Au début, je devais seulement lui apporter
   à manger. Mais j'ai bien vu que Minouchka avait peur,

---

1 **personne** niemand – 12 **juste** gerade – 15 **à présent** maintenant – 24 **n'importe quoi** irgendwas – 25 **changer d'avis** *m.* **comme de chemise** *f.* changer très souvent d'avis – 32 **s'occuper de qn/qc** sich kümmern um

seul, dans la maison de ses propriétaires. En fait, il a peur de tout. Il n'est bien qu'avec moi. Alors, j'ai pas eu le courage de le laisser. Maintenant, il reste avec moi toute la journée, dans mon sac.

5 Le petit chat regardait Patrick avec des yeux tristes. Il ne parlait pas, mais on comprenait tout : il était désolé pour le garçon au sac noir et il demandait au capitaine de ne pas être en colère contre lui.

– Il a quel âge ?
10 – Deux mois !
– Et ses propriétaires sont partis en vacances sans lui ?
Lisa allait exploser. Patrick était vraiment trop gentil. Il discutait avec le garçon. Comme ça. Cela avait été la panique sur le bateau, mais son capitaine avait déjà tout 15 oublié. L'adolescente avait fermé la porte derrière elle et était allée retrouver ses passagers.

– Ma petite fille voudrait bien le voir. Un tout petit chat, c'est super ! Il doit être mignon !
– Comment s'appelle-t-il ?

20 Maintenant, les passagers voulaient tous voir le petit chat. Ils ne regardaient plus la Seine et les monuments de Paris. Ils attendaient le petit chat. Même Chloé qui n'avait rien compris demandait à le caresser. Quelle histoire ! Lisa cherchait quelque chose à raconter pour 25 expliquer à tout le monde que ce n'était pas possible. Elle regardait la cabine de Patrick. Derrière la fenêtre, elle voyait le garçon qui discutait encore avec le capitaine du *Batobus*. Il parlait. Patrick l'écoutait avec le sourire. A un moment, il avait regardé dans sa direction et Lisa avait eu 30 le sentiment qu'ils parlaient d'elle. Puis elle avait enfin trouvé une idée :

– Minouchka est très fatigué. Nous attendons le vétérinaire pour le soigner !

Elle avait dit ça comme ça, avec sa voix cassée et ses yeux 35 rouges. Elle pensait que personne n'allait la croire. Mais cela avait été le contraire. Il y avait eu un grand silence

---

33 **un,e vétérinaire** Tierarzt – 34 **cassé,e** *ici:* rauh

et personne n'avait plus parlé jusqu'à Notre Dame. Seule Chloé était venue demander quelque chose à Lisa, mais l'adolescente ne lui avait pas répondu. Elle la voyait encore embrasser le garçon au sac noir sur le quai du RER.

Quand elle était rentrée chez elle le soir, Lisa n'avait eu qu'une envie : elle voulait rester seule. Mais son cousin n'avait pas voulu la laisser tranquille.
– On va manger dehors ? Je t'invite ! avait demandé Franck à Lisa qui était sur son lit.
Un casque sur les oreilles, l'adolescente écoutait de la musique et écrivait dans son journal. Elle n'avait ni vu, ni entendu son cousin.
– LISA ! TU M'ENTENDS !
– Mais t'es fou ! Tu m'as fait peur ! J'suis pas sourde !
– Ecoute, t'as un problème ? Ça va pas ?
– Non, non, tout va très bien. J'ai seulement mal à la tête, à la gorge, aux yeux. Je suis un peu malade, quoi !
– Bon, alors, tout va bien ! Allez, debout, on sort !
– Attends, t'as entendu comment tu me parles ?
– Tu discutes pas. On sort !
– Non.
– Si.
– Non !
– Avec la tête que t'as, la seule solution, c'est d'aller faire un tour ! On va manger dehors, on se promène un peu et on rentre.
– Non.
– C'est pas de ma faute si Valentin t'a oubliée !
– Ça, c'est dégueulasse !
– Ok, d'accord. Egalité ! Je te dis pas d'aller faire la fête toute la nuit ! Moi, j'ai mon concours dans trois jours ! Je suis pas fou. Mais j'ai pas envie de faire à manger. Toi non plus. Alors, on va manger dehors !

---

10 **un casque** *ici:* Kopfhörer – 11 **un journal** *ici:* Tagebuch – 11 **ni... ni...** weder... noch... – 18 **debout !** Aufstehen! – 29 **dégueulasse** *fam.* fies – 30 **Egalité** *f.* ! Unentschieden!

– T'as braqué une banque ou quoi ?
– Non, mais j'ai travaillé toute l'année pour avoir un peu d'argent cet été, « mademoiselle je fais la tête » !

Franck avait peut-être raison. Lisa était bête de rester à la maison avec ses idées noires et la tête dans le plâtre ! Il fallait sortir et se changer les idées. Sans le dire, l'adolescente pensait qu'elle avait de la chance d'avoir un cousin comme Franck. Longtemps, elle avait rêvé d'avoir un grand frère. Finalement, il l'était un peu devenu pendant ces semaines d'été. Lisa devait arrêter de se plaindre, arrêter de croire que le monde lui tombait sur la tête.

Franck avait emmené Lisa dans un petit restaurant de la Butte aux Cailles, près de la piscine. Ils avaient pris le menu à 20 euros. Une entrée, un plat, un dessert pour Lisa. Un plat, un fromage, un dessert pour Franck qui avait aussi demandé un verre de vin rouge. Ensemble, ils avaient parlé BD, théâtre, cinéma, musique.

– J'ai écouté Kyo. Bof, j'aime pas trop !
– Je te dis pas que c'est génial, mais moi, j'aime bien !

A la fin du repas, Franck avait regardé de l'autre côté de la fenêtre.

– Tiens, je vois un mec que je connais…
– Un copain de chez toi ?
– Non, je l'ai rencontré au judo. On s'entraîne ensemble.

Franck ne pouvait pas s'arrêter de faire du judo. A Paris, il avait tout de suite trouvé un club à côté de chez Lisa.

– Il m'a vu. Bon, je paie et on va le voir.
– Quoi, c'est ce mec, là ?
– Oui, tu le connais ?
– Ah, non ! Pas lui !

Lisa avait laissé Franck dans le restaurant et était partie sans lui et sans regarder le garçon au sac noir qui les attendait sur la place. Elle devenait folle ou quoi ? C'était une maladie bizarre…

---

1 **braquer** *fam.* ausrauben – 6 **se changer les idées** *f.* auf andere Gedanken kommen – 13 **emmener** mitnehmen – 35 **une maladie** → malade

7 Lisa a peur de l'eau

Devant le *Batobus*, Chloé embrassait un homme à moto, et ce n'était pas le garçon au sac noir. Chloé avait-elle déjà changé de copain ? Bof, ce n'était pas le problème de Lisa. Elle pensait à Franck. Hier, elle s'était disputée avec son cousin. Il n'avait pas compris sa réaction quand elle était partie du restaurant sans lui.
- Tu pars toujours comme ça sans rien dire ? avait demandé Franck.
- Ce mec, ton copain du judo, je le vois partout !
- Quoi ?
- Il me fait peur !
- Mais, non, il est super gentil.
- Il est super bizarre, tu veux dire.
- Toi, tu vois des gens louches partout ! Et…
- Qu'est-ce que tu sais ?
- Oh, ça va ! Je sais rien.

Franck avait l'air mystérieux.
- Tu me caches quelque chose !
- Mais non… J'ai promis de ne rien dire !
- Je me demande ce que tu trafiques avec ce type !

Lisa ne voulait pas l'avouer, mais elle était en colère. Elle était même un peu jalouse. Son cousin avait un secret et il n'avait pas voulu le lui dire. En plus, il lui avait fait la morale et elle détestait ça.

Déjà, un groupe d'enfants arrivait devant le *Batobus*. L'adolescente regardait les petits. Ils étaient mignons. Ils devaient avoir six ou sept ans. Lisa aimait bien répondre à leurs questions sur la Seine et les monuments de Paris. Chloé, elle, détestait ça. Les enfants l'énervaient.
- Ils ont toujours quelque chose à demander. Et, moi, je ne suis pas une machine à réponses !

En fait, Chloé avait peur des enfants car, avec leurs questions, ils lui posaient des colles. Malheureusement

---
1 **une moto** Motorrad – 19 **promettre** versprechen – 20 **trafiquer** *fam.* → un trafic – 33 **une colle** knifflige Frage – 33 **malheureusement** leider

pour elle, ce matin, il n'y avait que des enfants sur le *Batobus*, dont un garçon un peu rebelle. C'était Kévin.
– J'aime pas le bateau. C'est nul, super nul ! Moi, je veux aller tout en haut de la tour Eiffel…

La tour Eiffel

Kévin courait partout sur le bateau. Les monitrices ne savaient plus quoi faire avec lui. A un moment, Patrick l'avait pris avec lui. Mais le petit n'était resté que quelques minutes et, tout à coup, alors que le *Batobus* était en train de quitter le quai, Kévin avait escaladé le rebord du bateau. Il avait hurlé : « Non, je veux pas partir ! Capitaine, restez ! » et il était tombé dans la Seine. Lisa n'avait pas réfléchi. Elle avait horreur de l'eau, mais elle avait sauté derrière l'enfant. Kévin était déjà sous l'eau et il ne savait pas nager. Très vite, Lisa avait réussi à le récupérer. Ouf, il respirait. Mais il ne criait pas, il ne disait rien. En fait, il avait très peur. Lisa, elle, avait oublié d'avoir peur. Elle parlait au petit garçon. Elle lui disait que tout allait bien, qu'ils n'étaient pas loin du quai. Elle lui racontait des histoires. Mais même dans l'eau, un petit garçon de sept ans était lourd à porter. Allait-elle pouvoir le sauver ? Elle entendait Patrick crier des choses qu'elle ne comprenait pas, il leur avait jeté une grosse bouée blanche. Heureusement, sur le quai, quelqu'un avait plongé et nageait vers Lisa et Kévin.
– C'est bon, je le prends. Je suis maître-nageur !
C'était le garçon au sac noir. Lisa avait halluciné quand elle l'avait vu devant elle. C'est pas possible, elle était maintenant vraiment dingue !! Mais elle n'avait pas eu le temps de se demander ce que le jeune homme faisait encore là. Il était là, heureusement, et c'était le plus important. Kévin était sauvé.

Le garçon au sac noir s'appelait Farid, c'est ce qu'il lui avait répondu quand elle avait voulu lui dire merci. Il avait aidé Lisa à sortir de l'eau alors qu'elle s'était sentie soudain très mal. Il avait ensuite proposé de l'accompagner chez elle, mais elle n'avait pas voulu.

---

5 **escalader** → l'escalade *f.* – 5 **un rebord** *ici:* Rehling – 9 **nager** schwimmen – 10 **récupérer** attraper – 10 **respirer** atmen – 16 **sauver** retten – 18 **une bouée** Schwimmring – 19 **plonger** tauchen – 20 **un maître-nageur** Bademeister

Elle était montée dans un taxi et elle était rentrée. Dans la voiture, un conducteur africain écoutait de la musique très fort, une chanson de Tiken Jah Fakoly « Le pays va mal, mon pays va mal, mon pays va mal… » et n'arrêtait pas de parler dans son téléphone portable dans une langue qu'elle ne connaissait pas. Puis le taxi s'était arrêté devant chez elle et le conducteur n'avait pas voulu recevoir d'argent.

– Tu sais, j'attendais les clients à côté de la tour Eiffel et j'ai tout vu. Tu as sauvé un enfant !
– Je n'étais pas toute seule.
– Oui, le garçon a été super aussi. C'est un mec bien ! J'ai déjà raconté votre aventure à tous mes amis. Je ne vais quand même pas te faire payer. C'est bien, c'est très bien ! Allez, bonne journée mademoiselle !

A la maison, Franck travaillait sur un dessin. Lisa avait voulu tout lui raconter, mais Franck connaissait déjà toute l'histoire.

– Farid m'a appelé.
– Tu peux m'expliquer. Je comprends plus rien. C'est qui ce type ?
– T'as pas remarqué qu'il était amoureux de toi ?

Silence. Lisa ne bougeait pas. Que faire ? Que dire ? Comment réagir ? Maintenant, cette éventualité ne la faisait plus rire. Quand Chloé en avait parlé au début, Lisa avait trouvé ça drôle. Mais là, c'était Franck, son cousin, qui parlait et il ne lui avait jamais parlé comme ça ! En plus, depuis quelques jours, les choses avaient changé. Peu à peu, Farid était vraiment entré dans la vie de Lisa.

– La première fois, Farid t'a vue à la piscine de la Butte aux Cailles. Il travaille là-bas comme maître-nageur deux fois par semaine.
– C'est pas possible, j'aime pas l'eau ! Je vais jamais à la piscine !
– Mais tu nageais pas. Tu accompagnais deux enfants.

---

2 **africain,e** qui vient d'Afrique – 3 **Tiken Jah Fakoly** un chanteur africain – 29 **peu à peu** nach und nach

– Ah, oui, Paul et Emilie. Ce sont des petits voisins. Je les accompagne parfois le mercredi quand leur maman travaille.
– Il vient aussi dans le quartier parce qu'il y a le club de judo.

Lisa comprenait enfin pourquoi elle avait eu le sentiment de connaître le garçon au sac noir. Elle l'avait sûrement croisé dans le quartier. Paris n'était finalement pas si grand que ça.

– Mais, en fait, ce n'est pas à la Butte aux Cailles qu'il t'a vraiment remarquée... disait Franck maintenant. C'est sur le bateau...

Lisa écoutait et hallucinait.

– Il a eu le coup de foudre pour toi. Mais tu lui faisais peur...

Lisa avait éclaté de rire.

– Moi, faire peur à quelqu'un ? C'est plutôt le contraire ! C'est lui qui t'a raconté ça ?
– J'ai rien inventé.
– Non, mais cette histoire colle pas. Pourquoi est-ce qu'il prend le bateau ?
– Je viens de te le dire.
– Non, la vraie raison...
– Mais c'est vrai, il est amoureux de toi...
– La première fois, il ne savait pas qu'il allait me voir sur le bateau...
– Ah, ça, je peux pas le dire !
– Ah, monsieur aime les mystères...

On avait sonné à la porte. Franck était tout de suite allé ouvrir. C'était Patrick qui venait prendre des nouvelles.

– Alors, comment tu vas ?
– Franck me raconte des histoires à dormir debout ! riait l'adolescente.
– Lisa a la tête dure ! criait Franck qui était maintenant dans la cuisine.

---

16 **éclater de rire** rire beaucoup – 20 **coller** *fam. ici:* stimmen – 30 **prendre des nouvelles** *f.* **de qn** sich erkundigen

8 Lisa n'a plus peur

Les jours suivants, Franck et Lisa n'avaient plus parlé de Farid. L'adolescente avait interdit à son cousin de lui parler du garçon au sac noir. Elle ne croyait pas à cette histoire de garçon amoureux. Mais elle voulait toujours savoir ce que Farid faisait sur le bateau. Un jour, Lisa avait appelé « Mystère et Marketing ».
– Bonjour, je cherche du travail…
– Vous appelez de la part de… ?
– D'un ami, Farid…
– Ah, vous cherchez un emploi de client-mystère ?
– Euh ! Oui !
– Désolé, nous n'avons besoin de personne pour le moment !

Qu'est-ce que ça voulait dire ? Qu'est-ce que c'était un client-mystère ? Lisa avait cherché sur Internet, mais elle n'avait rien trouvé. Puis le jour du concours de Franck

Le passage Brady

---

8 **de la part de** im Namen von – 10 **un,e client,e** Kunde

était arrivé, et Lisa était allée le chercher à la fin de la journée. Ils avaient marché sous les arbres du boulevard Saint-Germain et ils avaient traversé le Jardin du Luxembourg. Franck était content. Il pensait qu'il avait réussi son concours.
– Bon, on va fêter la fin de mon concours ?
– Oui, je te propose aujourd'hui d'aller en Inde sans prendre l'avion. On va dans le 10ᵉ arrondissement, passage Brady. C'est pas loin de la gare du Nord.

Restaurant japonais

Franck était le contraire d'un garçon difficile. Il avait dit oui comme avant il avait déjà dit oui au marché africain de Château-rouge dans le 18ᵉ, aux supermarchés chinois dans le 13ᵉ, aux magasins iraniens de la rue des Entrepreneurs dans le 15ᵉ, aux restaurants japonais de la rue Sainte-Anne dans le 1ᵉʳ. Avec sa cousine, il savait maintenant que Paris avait des visages différents et ça lui plaisait de voir toutes ces couleurs, d'entendre toutes ces langues, de goûter aussi tous ces plats étrangers. Lisa aimait se promener dans ces quartiers où elle avait envie d'imaginer des histoires.

---

13 **iranien,ne** qui vient d'Iran *m.* – 18 **étranger, -ère** ausländisch

– Mais, avant, je veux savoir une chose : Farid, c'est un client-mystère, c'est ça, le secret ?
Franck avait fait une drôle de tête.
– Comment tu le sais ?
– C'est quoi un client-mystère ?
– Tu diras rien ?
– Mais non.
– Oh, puis, mince ! C'était son job d'été. Maintenant, il a arrêté. Le propriétaire du *Batobus* veut savoir ce qui se passe sur le bateau. Alors, il envoie des types comme Farid...
– Mais c'est un job super nul !
– Il est aussi allé dans des magasins, des cinémas pour contrôler l'accueil des clients...
– En fait, c'est un espion... Tu parles d'un amoureux !
– Mais, non, Patrick le savait...
– C'est vraiment dégueulasse !
– Je voulais pas te le dire. J'étais sûr que tu allais réagir comme ça ! Tu comprends vraiment rien ! Sois un peu adulte, Lisa !

Après minuit, Franck et Lisa qui ne se parlaient plus, avaient couru pour prendre le dernier métro. Ils n'avaient plus dit un mot jusqu'à l'appartement.
– Tu vois ce que je vois, avait demandé Franck quand ils étaient arrivés chez Lisa.
Sur le mur à côté de la porte d'entrée, quelqu'un avait affiché plein de dessins. L'adolescente avait tout de suite reconnu le trait de crayon de Farid. C'était une BD dont les bulles étaient vides. Sur le premier dessin, on voyait le *Batobus* et la tour Eiffel. Puis on découvrait les personnages de l'histoire, Lisa et Farid. On les voyait sur le bateau, dans le métro, dans le RER, à Montmartre, devant Beaubourg, porte Maillot, dans la Seine avec Kévin.

---

20 **adulte** erwachsen – 27 **afficher** → une affiche – 28 **un trait de crayon** *m.* la *manière* (Art) de dessiner – 29 **une bulle** *ici:* Sprechblase

Le Sacré-Cœur

Ces dessins bouleversaient Lisa. D'abord, ils étaient magnifiques. Celui qui les avait dessinés était forcément un type bien. Ensuite, Lisa voyait sa vie dans cette BD, lisait ses sentiments. Farid ne lui avait jamais parlé, mais il avait tout compris d'elle. C'était fou. Elle découvrait aussi qu'il l'avait vue quand elle le suivait, mais il n'avait rien dit.

---

1 **bouleverser** verwirren – 2 **forcément** zwangsläufig

Il n'y avait qu'une image sur laquelle Lisa n'était pas. C'était l'image où Farid parlait à Chloé et c'était la seule image où il y avait un dialogue. Le garçon disait :
– Je suis pas amoureux de toi.
– Je le sais bien, mais elle me croit pas.
Sur l'avant-dernière image, on voyait Lisa qui découvrait les dessins de Farid sur le mur. La dernière image était vide.
– Je ne comprends pas pourquoi ce type n'essaye pas de faire les Beaux-Arts. Il est dix fois meilleur que moi.
Lisa n'avait pas répondu.
– Mais, bon, il aime pas les études. Il veut travailler ! continuait Franck.
Lisa restait muette.
– Un studio de dessins animés dans le 12e arrondissement vient de l'engager. Tu vois, il ne va plus être client-mystère !
Lisa ne disait toujours rien.
– Il est vraiment amoureux de toi ! insistait Franck. Tu as de la chance. Farid, c'est un mec bien. En plus, il est génial.
– Arrête de me faire sa publicité ! Tu vends pas une voiture !
– Je voudrais t'ouvrir les yeux, c'est tout !
– Et, moi, je voudrais te demander quelque chose, Franck. Le soir où on est allé au restaurant, quand Farid était sur la place, en fait, vous aviez organisé la rencontre ? C'était pas le hasard !
Franck avait encore fait une drôle de tête.
– Pourquoi tu m'as rien dit ?
– J'ai essayé, on a tous essayé, mais t'es têtue. Mets-toi à la place de Farid ! On peut pas t'approcher, t'as toujours peur de tout, tu sors tes griffes et t'appelles la police !

---

6 **avant-dernier, -ère** vorletzte(r) – 12 **les études** f. Studium – 15 **un dessin animé** Zeichentrickfilm – 19 **insister** ici: betonen – 27 **un hasard** Zufall – 30 **essayer** versuchen – 30 **têtu,e** stur – 31 **approcher** → proche – 32 **une griffe** Kralle

— Mais je sais rien de lui ! On peut pas donner sa confiance comme ça ! avait répondu Lisa qui pleurait maintenant dans les bras de son cousin.

Lisa avait passé une nuit blanche. Elle avait découvert trop de choses en même temps. Elle avait passé son temps à réfléchir et à écrire. Puis le matin était arrivé très vite. Avant d'aller sur le *Batobus* pour son dernier jour de travail, Lisa était allée rue Lepic. Elle devait parler à Farid. Elle avait réussi à entrer dans l'immeuble sans le digicode. C'était l'heure où les gens allaient travailler. Mais où sonner ? Elle ne connaissait pas le nom du jeune homme. Soudain, un petit chat noir avait descendu l'escalier.

— Minouchka ! appelait une voix de femme. Minouchka !
Le petit chat regardait Lisa. Quelle surprise ! devait-il penser.

— Je sais plus quoi faire avec cet animal. Vous pouvez me l'attraper, s'il vous plaît !
— Oui, tout de suite… Bonjour madame, je cherche Farid !
La dame avait regardé Lisa de la tête aux pieds.
— Moi aussi, je le cherche. Il est parti. Il a déménagé hier, mais il a oublié le chat !
— Vous connaissez sa nouvelle adresse ?
— Non. Mais il va sûrement revenir ! Pour le chat !

Lisa était triste comme jamais. La seule chose qu'elle pouvait faire maintenant, c'était d'aller travailler. Est-ce qu'elle s'imaginait vraiment que ce garçon allait l'attendre toute sa vie ? Elle n'avait rien compris, rien voulu voir. Maintenant, il était trop tard.

— Qu'est-ce que tu fais là ? lui avait demandé Patrick.
— Ben, je viens travailler !
— J'ai plus besoin de toi, avait-il dit avec une voix dure et grave à Lisa qui ne le reconnaissait pas. C'est vrai que t'as la tête dure ! Allez, vas-le retrouver, ce garçon ! Allez, vas-y, vite ! avait continué Patrick.

---

26 **s'imaginer** sich vorstellen – 32 **grave** *ici:* tief – 33 **avoir la tête dure** stur sein

Lisa découvrait qu'elle avait été la dernière à comprendre ce qui lui arrivait. Pourtant, c'était sa vie. C'était à elle de décider. Mais Lisa n'avait rien dit. Elle avait embrassé Patrick et était partie.

Derrière elle, Lisa entendait Chloé qui criait :
– J'ai bien essayé, mais il a pas voulu de moi ! Il t'aime vraiment, tu sais !

Lisa riait. Quelque chose avait changé dans sa tête. Elle découvrait un nouveau monde. Elle n'avait plus peur. Elle ne se sentait plus seule. Elle courait sur le quai. Mais, où pouvait-elle aller ? Comment retrouver Farid ? Elle réfléchissait et se souvenait que Franck lui avait parlé du studio de dessins animés dans le 12e. Il fallait aller là-bas.

Lisa était montée dans le RER C. Son portable avait sonné. C'était un SMS. Valentin. Enfin. Il lui donnait rendez-vous le lendemain à la gare de Lyon. Mais Lisa avait effacé le message. Elle avait les dessins de Farid dans un carton et le petit chat dans un vieux sac noir. Elle pensait à Farid. Ses cheveux courts et ses yeux marron. Comment Lisa avait-elle pu penser, jusque là, que ce garçon pas comme les autres n'avait rien de spécial, qu'il était ordinaire, presque laid ?

A Nation, dans les couloirs de la station RER, Lisa courait toujours. Elle n'avait vraiment plus peur maintenant. Elle était contente. Elle allait chercher Farid et le trouver. C'était sûr. Elle allait lui montrer ses dessins où les bulles n'étaient plus vides. Elle avait écrit cette nuit des dialogues. Seule la dernière image restait vide. Ils devaient la faire ensemble.

Puis, Lisa était montée dans le métro et, soudain, elle avait entendu quelqu'un parler derrière elle :
– Tu ne trouves que cette fille a l'air bizarre avec son carton et son vieux sac noir ?
– Oui, elle rit toute seule et elle parle à son sac !

---

16 **effacer** löschen – 21 **ordinaire** normal

Liste des lieux

Beaubourg
Belleville
Le boulevard Saint-Germain
La Butte aux Cailles
Le café des Deux Moulins
Le canal Saint-Martin
La cathédrale Notre Dame de Paris
Le marché de Château-rouge
Châtelet-les-Halles (station de métro et de RER)
Le cimetière du Père-Lachaise
Le cirque d'Hiver
Le Forum des Halles
La gare de Lyon
La gare du Nord
Les Halles
L'Hôtel de ville
Le jardin du Luxembourg
Le Louvre
Le Marais
Montmartre
Le musée d'Orsay
Le parc de la Villette
Le passage Brady
La place de la Concorde
La place de l'Etoile
Le Pont Neuf
La porte Maillot
rue des Abbesses
rue des Entrepreneurs
rue Lepic
rue Saint-Martin
rue Sainte-Anne
Le Sacré-Cœur
Saint-Michel
Saint-Germain-des-Prés
La Seine
La tour Eiffel

Adresses utiles

Informations générales

http://www.paris.fr
http://www.parisinfo.fr

Plan de Paris

http://www.viamichelin.com
http://www.paris-tourism.com

Transports

http://www.ratp.fr
http://www.batobus.com

Musées

http://www.centrepompidou.fr
http://musee-orsay.fr
http://www.louvre.fr
www.cite-sciences.fr

Paris quartier par quartier

www.parisinfo.com/plan_paris/rub1084.html

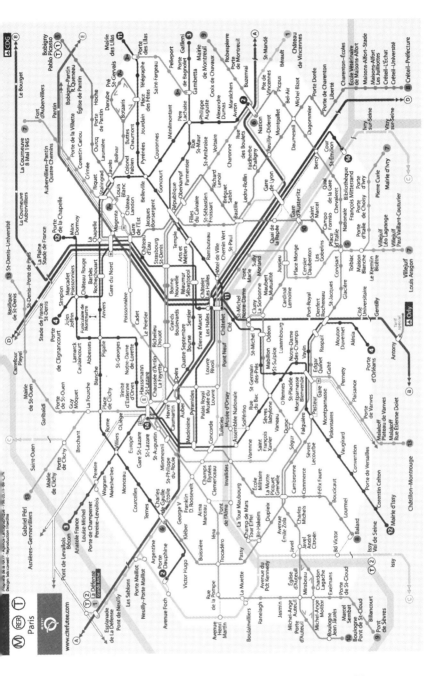

Bildquellen:

Sipa Press (Ginies), Paris: S. 3; Getty Images (Image Bank / Jeremy Woodhouse), München: S. 6; Corbis (Owen Franken), Düsseldorf: S. 10; Corbis (Marc Garanger), Düsseldorf: S. 13; Picture-Alliance (Alfred), Frankfurt: S. 14; Lionel Ray, Nanterre: S. 15; Alamy Images RM (Jan Isachen / Images of France), Abingdon, Oxon: S. 19; Klett-Archiv, Stuttgart: S. 19; Cinetext, Frankfurt: S. 21; www.m-og.com: S. 22; Agence France-Presse GmbH (Hemispheres / Philippe Renault), Berlin: S. 29; Mauritius (Rossenbach), Mittenwald: S. 31; Corbis (Todd Gipstein), Düsseldorf: S. 33; Mauritius (Vidler), Mittenwald: S. 40; Das Fotoarchiv (C.Garroni), Essen: S. 44; Corbis (Sygma / Anet Jean Pierre), Düsseldorf: S. 45; Avenue Images GmbH (IndexStock / CLEO Freelance), Hamburg: S. 47; Klett-Archiv (Christian Dekelver), Stuttgart: S. 54; Klett-Archiv, Stuttgart: S. 53.

Umschlag: Fotofinder (Matthias Luedecke), Berlin.

Zeichnung: Sven Palmowski, Stuttgart: S. 4.